적막 속에 나를 가둬 놓고

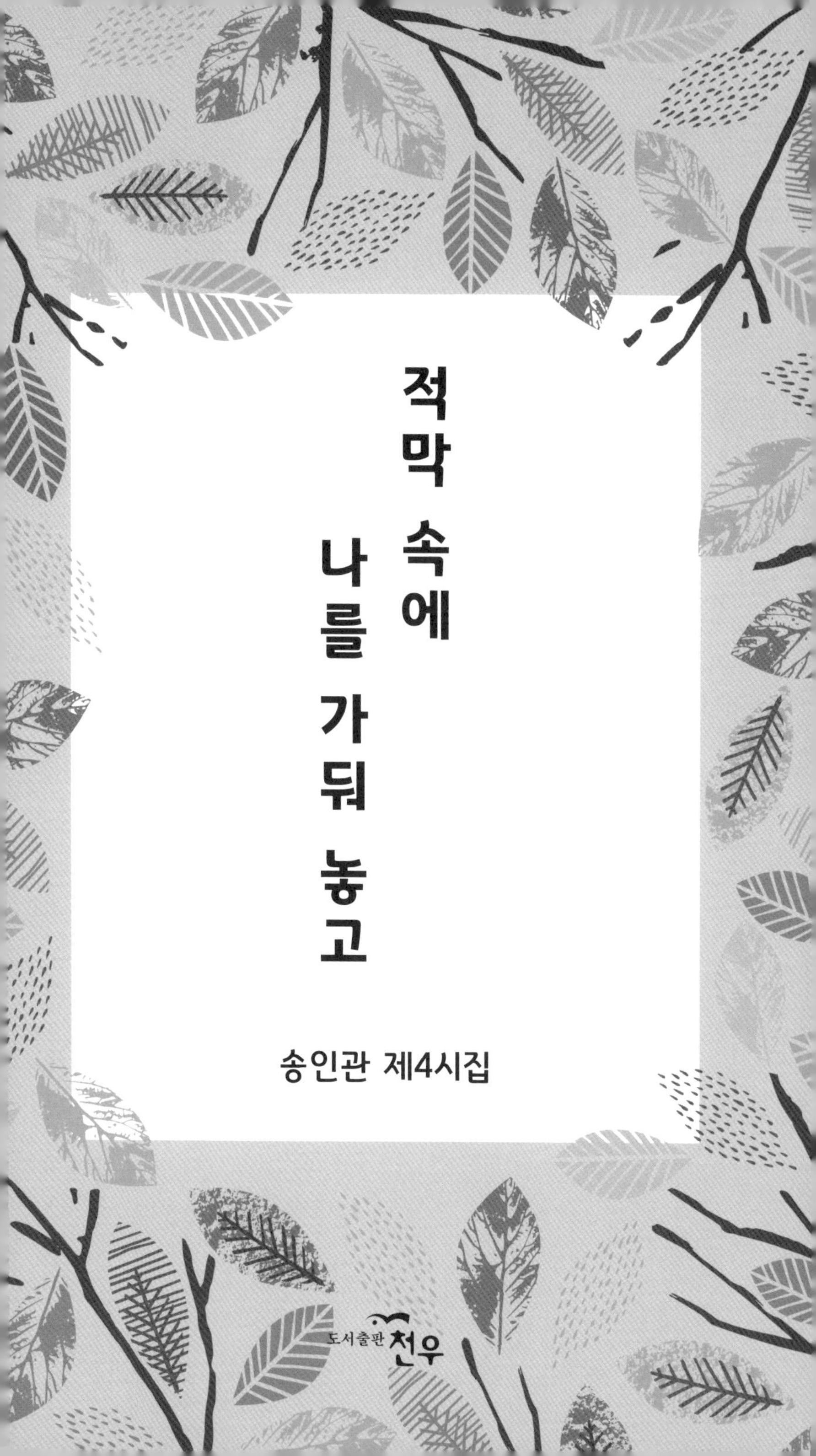
적막 속에
나를 가둬 놓고
송인관 제4시집
도서출판 천우

●시인의 말

시는 손끝으로 쓰지 말고 온몸으로 쓰라고 하였다. 덧없이 와서 덧없이 가는 게 인생이라면 한 편의 시를 쓴다는 것은 하나의 축복이요 하느님의 은총이다. 시는 시인의 영감과 상상력을 동원하여 나타나는 복합적인 구성체이고 마음속에 떠오르는 생각이나 느낌을 짧고 간결하게 쓰는 것이라고 한다.

살다 보면 인생은 너무 짧다. 에드거 앨런 포(Edgar Allan Poe)는 "시란 미(美)의 운율적인 창조"라고 말했다. 이번의 제4집을 내면서 이 졸작 시집을 세상 밖으로 내보내야 될지 많이 망설였다. 시인이 가는 길은 험난하고 외롭다. 앞으로 더 좋은 시를 쓰기 위하여 뜨거운 열정으로 내면의 세계를 확충하고 피나는 노력을 계속하려고 한다. 가혹한 질책과 끊임 없는 지도편달을 바란다.

2019년 6월

제1부

인생의 여울목

● 시인의 말

제2부

삶이란

제3부

흑백사진 한 장

제4부

세월은 말없이 흐르네

제5부

슬픔은 강물처럼

제1부

인생의 여울목

감나무

우리 집 지을 때
심은 감나무 한 그루

지난밤 무슨 악몽을 꾸었기에
톱날에 난도질당해

온몸이
만신창이가 되었는지

앞으로
달콤한 홍시 맛

어디서
맛볼 수 있을까

벌초 1

아버님 불효자는 관절이 좋지 않아
많은 고생을 하고 있습니다

한때는 지팡이를 짚고 다녀
벌초에도 참석을 못 했지요

이런 식으로 여생을 보낼 수는
없다는 생각이 들어

몇 년 전부터 헬스장을 찾아
매일 한 시간씩 운동을 하였습니다

이제는 몸도 가벼워졌고
무릎 관절도 좋아졌습니다

금년에는 음택에 계신 부모님을
찾아뵙고 이발을 해드리고 싶었는데

그 날짜에 지인의 자식이 결혼식을
올린다고 청첩장이 왔네요

새벽에 벌초를 하고 결혼식에 참석하고 싶은데
아이들이 내 뜻을 따라줄지 모르겠네요

병마와 아내

집사람은 요즘 갑자기
잦은 병마에 시달리면서

고생 고생하다가
막상 수술 일정이 잡히자

마취에서 영원히 깨어나지
못 할 수도 있다고 하면서

미운 정 고운 정
다 떨쳐 버리기라도 하듯

그동안 살아오면서 자기에게
잘한 일은 별로 없고

섭섭한 일이 너무 많다고 하면서
나를 원망하며 눈물만 흘리네

새해 아침

집이 오래되면
리모델링을 하듯

책상 위에 놓인
탁상용 달력

한 장 한 장 띄어가며
못다 한 인생살이

과욕에서 벗어나
마음을 비우면서

편안한 마음으로
살아가리라

안개

하루가 달리 급변하는 요즘
4차 산업혁명이 다가왔다

원광연 카이스트 명예교수는
4차 산업혁명을

하이브리드(Hybrid)라고
정의를 내렸다

4차 산업혁명은 물질세계에서
에너지를 향유하고

정보를 생성하고 처리하며 살아가는
융합의 세계라고 정의를 내렸는데

앞으로 이 지상에는 어떤 일이 펼쳐질지
얄팍한 내 두뇌로는

안개 속을 헤매는 것 같아
알 수가 없네

인생의 여울목

물 위에 떠 있는 가랑잎 하나
망망대해를 떠돌다
소용돌이치는 여울목에서 사라지고
나는 일엽편주가 되어
정처 없이 떠내려간다

부모 형제 친척 친구
수많은 사람들과 어울리며
이 세상을 살다 보면
즐거운 날 괴로운 날도 있겠지만

어느 시점에 와서는
흔적도 없이 사라지는 것이
우리들의 운명인데
매사를 긍정적으로 바라보며
즐거운 마음으로
이 세상을 살아가면 아니 될까

중앙공원 등나무

중앙공원 등이 굽은
등나무 한 그루

넉넉하고 자비로운
어머니 품처럼

푸른 잎으로 하늘을 덮고
만인이 찾아드는

행복 보금자리를
마련해 주고 있구나

청개구리

해는 노을이 저
서산에 걸쳐 있는데

청개구리는 연못에서
개골개골 울고만 있네

가는 세월이 아쉬워서일까
오는 세월이 서글퍼서일까

끝도 한도 없이 슬프게 우는
청개구리 한 마리

무엇이 그리 애달프고 슬픈지
하루 종일 개골개골 울고만 있네

팔

조물주는
사용하는데 편리하라고
두 팔을 만들어 놓았다

일수가 나쁜지
접싯물에 코를 박고 죽는다고
안방에서 팔을 다쳤다

일상생활을 뒤죽박죽 만든
동강 난 팔 언제쯤
제 자리로 돌아올 수 있을까

하느님은 알고 있을까

한평생 무명초같이
살다 가는 사람도 있지만

만인을 위해 굵고 짧게
안중근 의사 같이 살다 가는 사람도 있다

푸른 하늘 은하계에서
빤짝이는 무수한 별이

검은 운석이 되어
지상으로 떨어지듯

타다 남은 촛불 같은
여의도 철새들

어떤 모습으로 살다가
이 지상에서 사라질까

전지전능하신
하느님은 알고 있을까

한산도 제승당

한산도 제승당 가는 뱃길
바닷물이 파도를 일으키며 물길을 열어주네

장군의 숨결이 배어있는 올망졸망한 섬들
바닷물에 떠 있는 한 떨기 부평초 같구나

삼도수군을 총지휘하던 제승당 앞에 서서
푸른 바다를 바라보니

우뚝 솟아있는 거북등대가
한산대첩 승전보를 알리기라도 하듯

바다를 보듬어 안고 제압이라도 하듯이
위풍당당하게 서 있네

성웅 이순신 장군 앞에서
경건한 마음으로 참배를 올리니

내 옆에 서 있던 관광 온
중국인들이 덩달아 절을 하네

가을

어느새 세월은 흘러
무더운 더위는 가고

아침저녁으로
찬 바람이 불어온다

풍요로운 가을이
오는 소리는 들려오는데

왜 귀뚜라미 소리는
들려오지 않는가

이 쓸쓸한 가을에도
많은 종(種)은 사라지고

수많은 변형된 종(種)이
새로 태어나는 것은 아닌지

앙상한 낙엽이
지는 가을이 가면

인생이 황혼길에
들어서듯이

차가운 겨울이
성큼성큼 다가오리라

자전거와 인생

쓰러지면 일으켜 세우고
또 쓰러지면 일으켜 세우면서

타고 다니는 칠전팔기의
오뚝이 같은 자전거

어느 때는 발목도 다치고
무릎도 깨면서도 타고 다닌다

천천히 달리고 싶으면 천천히
빨리 달리고 싶으면 빨리

자유자재로 타고 다니다가도
어느 한순간 큰 사고를 당하기도 한다

예측할 수 없는 우리네 인생
무엇을 탐하고 증오하면서 살고 있는 지

광야를 달리는 자전거와 같이
때로는 오뚝이같이

때로는 순탄하게 이 세상을
살아갈 수는 없을까

가을엔

가을엔 바람 부는 대로
코스모스 꽃이 한들거린다

붉은 잠자리는 덩달아
공중을 날아다닌다

이끼 낀 검은 돌담엔
따스한 햇볕이 쌓이고

소녀의 눈방울 같은
가을 방울토마토가

시도 때도 없이 불어오는
가을바람에 붉게 익어간다

가을이 익어 가면
빨간 고추를 따며

구름이 흘러가는 높고
푸른 하늘을 바라본다

눈물

우리 민족은 한이 많은 민족이다
그래서 눈물도 많다

체(涕)는
일직선으로 흐르는 눈물

사(泗)는
갈라서 흐르는 눈물

루(淚)는
펑펑 흘러내는 눈물

이(洟)는
눈물 콧물과 같이 흐르는 눈물

루(泪)는
눈 가장자리에 흘러서는 안 되는 눈물

이렇게 글자에 따라
눈물도 각양각색이고 다양하다

남자에게는 첫사랑을
이루지 못하였을 때 흐르는 눈물

실패나 고배를
마신 후 흘리는 뼈아픈 눈물

사랑하는 부모를
여의었을 때 흘리는 불효의 눈물

이렇게 인생을 살아가는데
세 가지 눈물이 있다

겨울 문턱

물방아 돌 듯 계절은
말없이 바뀌고 있네

예년과 달리 지난여름은
유난히도 무더웠지

가을은 소리 없이 찾아들다가
소리 없이 저물어가네

올겨울에는 시도 쓰고
수필도 써야겠는데

세월아 좋은 글 쏟아지게
한잠 자고 가면 아니 되겠니

다이어트

다이어트로
헐렁해진 몸

다이어트하는 것보다
지키기가 더 어렵다

눈앞에 놓고 보고도
못 먹는 진수성찬

차라리 보릿고개
그 시절이 더 좋다

동백꽃

붉고 흰 동백꽃들
갈매기가 우는 바닷가에서

삼동(三冬)의 찬바람을 맞으며
그윽한 향기를 풍기네

화사한 꽃잎 몰아치는 눈발 속에서
고개를 내밀며 팔랑인다

화엄사 뜰 앞
선운사 계곡에서도 꿈을 키우며

견디어 온
핏빛 뜨거운 동백꽃들

줄기마다
넘쳐흐르는 질긴 생명력

살짝 웃음꽃 짓고
몸치장하네

어머니 향이
고인 동백기름

윤기가 흐르는
동백꽃이여

너의 속살에는
모정의 향이 깊게 고여 있구나

단풍든 나무

그림같이
가지마다 단풍든 나무
칠사리 껍데기 같네

활짝 핀 목련꽃이 낙화하듯
단풍든 저 나무도
잎이 떨어져 나목이 되겠지

임종을 앞둔 노인처럼
고뇌에 젖어 있는
저 붉게 물들어 있는 나무

단풍은 지고 눈보라가
몰아칠 텐데 삼동의 칼날 앞에서
외로운 길 어떻게 보낼까

제2부

삶이란

목련

목화송이같이 탐스러운
하얀 목련꽃이여

세상을 구도하기 위해
수행하는 수도승같이

꽃을 활짝 피우기 위해
어둡고 암울한 땅속에서

실파같이 연약하고
가느다란 뿌리로

생명줄을 이어줄 먹이를 찾아
얼마나 많은 세월 헤매었느냐

몸통과 가지는 허공에서
추위와 맞서가며

열흘도 못가 떨어져 나갈
목련꽃을 피우려고

4월의 깊은 밤을
외롭게 보내고 있구나

벌초 2

어머니가 저세상으로
가시면서 아버지는
강가에 서 있는 아이와 같으니
잘 모시라고 하셨는데

어머니가 가신지
꼭 일 년 반 만에 아버지를
해월리 선영 어머니 곁으로
가는 불효를 저질렀습니다

4남으로 태어나
일찍 어머니를 여의시고
평생 고생만 하시다
가신 불쌍하고 외로운 아버지

이제는 억겁의 세월이
흘러가도 어머니께서 변함없이
잘 보살펴
드릴 것이라고 믿습니다

무심하게 아버지를 떠나보낸
이 못난 자식도

어느새 미수를 바라보는
나이가 되었습니다

을미년 추석을 보름 앞둔
신묘일에 모든 일정을 미루고
살아생전 제대로
효도 한 번 못한 이 불효자

부모님을 찾아가 속죄의 절을 올리고
벌초를 하려고 합니다

민들레

양재천 개천가
민들레 꽃대 하나 가로등처럼
외로이 서 있네

대궁 위 속씨
바람이 불 때마다 하나하나
날려 버리네

기약도 없이 떠난
속씨 하나 흐르는 물소리에
눈물만 흘리네

봄의 찬가

처마 밑 고드름에서
떨어지는 낙수 물소리
겨울을 밀어내고 봄을 들이네

목련나무 가지마다
따사로운 봄볕에
피어오르는 꽃봉오리들

새들이 날아오고
바람이 불 때마다 하얀 꽃송이에서
봄이 오는 소리가 들려오네

비

산과 들 온 천지가 빗물에 젖어
안개 속으로 숨어든다

윤회를 거쳐 하늘로
승천하여 내리는 비

꽃잎에 앉아 옥구슬 굴리며
햇빛과 소곤소곤 이야기도 하고

어떤 놈은 어두운 땅속으로
소리 없이 숨어들기도 한다

온 누리 산과 들의 생명수를
안겨주고 윤회를 거쳐

높고 푸른 하늘로 승천하여
대지 위로 내리는 비

삶이란

세월 따라
가는 숙명적인 길은

치열한 삶 속에서
살아남으려는
나비의 날갯짓

영원한
삶의 안식처를 찾아가는
삭막한 길

이 숙명적인 길을
지금 나는 세월에 편승하여
말없이 걷고 있다

수술실

잿빛 속으로 사라져 가는
인생의 끝자락에 서 있는 집사람

금년 들어 처음으로
눈이 쏟아지는 이른 아침

운명을 가르는 수술대에서
세상모르고 잠들어 있다

생의 찬가를 부르며
행복의 메신저와 하얀 눈이

아내가 세상모르고
누워있는 수술대 위에서

생과 사를 가름 하는
세계를 넘나들고 있다

순백한 사랑

홋카이도 여행을 하며
오이란 쇼* 를 보았다

유녀인 다카오티유의
아름다운 미모에 반해

상사병을 앓고 있는
규조의 순백한 사랑

내 어린 시절
아름다운 한 소녀를

짝사랑했던 편린들이
가슴 속 깊은 심연 속에서

순백하고 순결한 사랑으로
싹이 터 오네

*오이란 쇼 : 일본 에도시대 단막극 중에 하나.

양재천 산책길

양재천 산책길
달리는 자전거

흐르는 물가에
서 있는 갈대숲

뚝방따라 활짝 핀
이름 없는 들꽃들

흐르는 물속에서
자맥질하는 잉어 떼들

모두 모두 부푼 꿈
한 아름 안고

오늘도 싱그럽게
하루를 시작한다

어디로 가는지

부모님 밑에서
형제들과 같이 살아오다
지금은 가정을 이끄는
가장이 되었다

그동안 매운 고추가
되기도 하고
쓰디쓴 씀바귀가
되기도 하였다

온갖 삼라만상은
주어진 운명 속에서
좋든 싫든
제 길을 걷고 있는데

지금 내가 가고 있는 길은
어떤 색깔의 길이며
나는 지금 어디로 향해
가고 있는 걸까

어떤 모임

오늘은 친구들 십여 명이
만나는 날이다

세월이 흘러 이 모임을
가진지가 십 년이 되어간다

우리 친구들은
십 년 전이나 지금이나

매월 회비 2만 원을 내
식사만 하고 헤어진다

그동안 많은 것이 변했다
나도 백발이 되었다

그런데 요즘 젊은이들은
노인들을 국가에서 책임을 져야지

왜 자식들이
책임을 지느냐고 한다

요즘 젊은이들의
가치관이 많이 바뀌었다

그런데 우리들의 모임은
십 년 전이나 지금이나

조금도
변한 것이 없다

진취적이고
활력이 넘쳐흐르는

좀 더 낳은 생산적인
모임은 될 수 없을까

어떤 부음

친구의 부음을 받고
영정 앞에 서니

생전에 그의 모습이
파노라마처럼 스쳐 간다

나이를 먹을수록
자신에게는 인색하더라도

남을 도우면서
살아가라 하였는데

그 많은 재산 두고
친구들에게 밥 한 끼

사지 못하고
세상 떠난 친구

마지막 눈 감을 때
무슨 생각을 하였을까

벗들에게 부음 알려도
소귀에 경 읽기네

이쁜이

이쁜이네 마당에서
딱지치기하던 어린 시절

그녀의 오빠와
딱지치기를 하면

이쁜이는 항상
우리 곁에서 맴돌았지

오빠가 따면 시들하고
내가 따면 빤짝이던 눈빛

이쁜이의 사랑의 싹이
움트고 있었다는 것을

왜 그때 나는 몰랐을까

여인 천하

우리나라 대통령도 여자고
바다 건너 미국에서도
힐러리가 대통령이 되려고 한다

더불어민주당 추미애
대표도 여자고 우리 고울
신계용 시장도 여자다

우리 과천시
시의원 일곱 명 중 남자는 하나고
여섯 명이 여자다

우리 집에서도 20살이
넘은 손자들이 할아버지는
거들떠보지도 않고

신사임당을 좋아하는지
할머니만 좋아한다

바다 건너 일본에 있는 외손자도
전화가 오면 할머니를 먼저 찾는다

이미 천하는 여자들이 차지하였고
모계사회로 회귀하는 길만 남았다

북에서도 여자 주석이 나올까 봐
핵폭탄을 시도 때도 없이
마구 쏘아대는 것은 아닌지

오늘

오늘은 서울대공원에서
도민회 등산하는 날이고
과천시 노인지회에서는
실버경찰대 봉사하는 날이다

갑자기
눈코 뜰 사이 없이
바쁜 날이 찾아 든다

대공원 안에는
목련나무와 개나리가
서로 먼저 피려고
꽃봉오리를 터트린다

나도 잦은 행사로
가랑이가 찢어진다

봄은 환희요 기쁨이여
축복의 계절이다
꽃은 평화요 사랑이여
한편의 교향곡이다

오늘은 분주하지만
그래도 즐거운 날이다

외출과 서재

서재로 들어서면
늘 마음이 편안하다

오늘은 즐거운 마음으로
책꽂이에 꽂혀 있는

신(新) 노년의 정원
8집을 꺼내 든다

신 노년의 정원에는
절친한 시인들과 나, 송관도 있다

그들이 읊은
시어를 들여다보면

인생의 묘미가 있어
시간 가는 줄도 모른다

오월이 오면 1

꽃내음 향긋한 오월에
가신 어머니시여

어머니가 가신
그날에도 푸른 잎사귀가

온 천지를
초록 물결로 수를 놓았지요

그리고
온 산과 들에 꽃이
지천으로 피어 있었지요

유난히도 붉은 장미꽃을
좋아하시던 울 어머니

어머니가 계신 그곳에도
꽃이 활짝 피어겠지요

며칠 있으면
어버이날이 돌아오네요

붉은 카네이션 한 송이
달아 드리고 싶은데

꿈결에라도 오셨다 가시면
아니 되겠는지요

우리 마을 광창

우면산
정상으로 올라가
내가 살고 있는
광창마을을 내려다보면

사람들의 숨결 소리
벌레들의 합창 소리
실타래같이 엉킨
마을 안 소음 속에서

오늘도 수많은 사람들이
못다 한 인생이야기
소박한 꿈 이야기
살아가는 모습들
한편의 풍경화를 보는 듯하네

불청객

잠이 안 오는 깊은 밤
지난날의 잊었던 그리움
파도처럼 밀려온다

달빛에 늘어진 가을
온 산하를 붉은 카펫을
깔아 놓으려고 한다

이 생각 저 생각을 해 보지만
좋은 일은 떠오르지 않고
불청객인 밤만 깊어만 가네

메르스

온 나라를 공포로 몰아넣은
중동 호흡기 증후군
메르스 바이러스가
매스컴을 타고
전 국가로 번져가네

호랑이보다
더 무서운 메르스가
관광객 발길을
딱 끊어놓더니
잘 나가던 국내 경기마저
하향곡선을 그려 놓았네

오늘도
전철 안에 앉아있는
수많은 사람들
죄 없는 마스크를 쓰고
스마트폰만 두드리네

제3부

흑백사진 한 장

인간 수명은

우리 인간이
이 세상에 태어나

125년이 흐르면
뇌가 정지된다고 한다

건강을 지탱해주는
영양분을 골고루 섭취하고

인생을 잘 관리한다면
장수를 누릴 수 있다는데

삶을 지탱할 수 있는
돈, 친구, 사랑 등등이

육체와 함께 고목처럼
메말라가고 있으니

AI 인공지능이 이것들을
치유할 수는 없을까

이름 모르는 꽃

꽃잎이 셋이고 꽃술이
일곱 개인 청보라색 꽃이여

너의 줄기는 난(蘭)인 것 같은데
꽃 이름을 알 수가 없구나

매일 아침마다
언약한 너의 꽃잎에서

벌들이 날아와
꿀을 채취해가는구나

겨울이면 엉성한
뿌리만 남아 있다가

봄이면 푸른 줄기로
뻗어 나가는 난(蘭)이여

왜 동이 트면
활짝 피었다가

정오가 지나면
꽃봉오리 속으로 숨어드는지

무슨 심오한 뜻이 있는지
너의 속내를 알 수가 없구나

인생이란 1

주목나무는 살아 천년
죽어 천년이라고 한다

그런데 우리네 인간의
수명은 85세라고 한다

선진국에서도
천 명 중 5명만이

90세까지 사는데
5명 중 여자가 4명이다

황혼 길에
들어선 우리네 인생

모든 찌든 세속과
과욕에서 벗어나

그저 물 흐르듯이
살다 가면 아니 되겠는지

인생이란 2

자연은 머물러 있지 않고
늘 변화한다

날씨가 흐렸다 개였다 하듯
우리 인생도

행복한 일 불행한 일
늘 머물지 않고 교차된다

인생이란 어떤 존재인지
전능하신 신(神)은 알고 있을 테지

제부도 나들이

광창마을
원로회 회원 열두 명
제부도로 시집간
효분이 초대를 받았다

갯벌 짠
바닷바람이 창틀에
걸터앉아
우리를 내려다본다

어느새
66세가 된 효분이는
생선회를
푸짐하게 차려 놓고

어린 시절
고향을 안주 삼아
광활하게 펼쳐진
제부도를 바라보며

광창마을 원로회 회원
열두 명의 만수 무병을
비는 건배를 제의하면

일동은
건배 건배하면서
술잔을 높이 쳐든다

적막한 밤

애잔한 초승달을
쳐다보며 외로움에
젖어 있는 이 밤

흐르는 고요 속에
시간은 흘러가고
별들만이 빤짝인다

대지는 어둠 속으로 숨어들고
풋감 떨어지는 소리만 들리는 이 깊은 밤
외로움은 마음속으로 파고들고

창백한 달빛이
문틈으로 숨어들어와
내 가슴속을 파고드는 이 적막한 밤

K 선배님

K 선배님은
산수(傘壽)가 넘었는데도
하나도 흐트러지지 않고
올곧게 살아간다

제행무상 수도승같이
빛과 어둠을 조화롭게 이루며
과천의 심벌 관악산 룸에서
소주 한 병 시켜놓고

신축된 과천초등학교 체육관
이름을 지어주려고

아무리 머리를 짜내어도
에메랄드 빛깔 같은
아름다운 이름이 떠오르지 않아
애꿎은 소주잔만 기울이네

천년만년 살 듯이

늙고 나이를 먹어 갈수록
지갑을 열고
입은 닫아야 하는데

천년만년 살듯이
지갑은
닫고 입은 열고 있네

종국에는 입도
다물고 지갑도 닫은 체
사라져 버리는 것이
우리네 인생인데

천년만년 살듯이
아옹다옹하며 살아가고 있네

코스모스

양재천가
하얀 빨강 노랑꽃
활짝 핀
코스모스 무리들

세상에서
가장 행복한 모습으로
졸졸 흐르는
물가에 서서

양재천
오가는 사람들에게
손짓하며 팔랑이네

화약고

전쟁은 예측 불허
사소한 데서 터진다

제1차 세계 대전의 빌미가 된
세르비아 청년이 오스트리아 황태자
부부를 향해 쏜 단 두 발의 총알이
천만 명의 무고한 젊은이들을
전선으로 몰고 가 목숨을 앗아갔다

세르비아는 러시아가
오스트리아는 독일이 서로 떠맡아
전쟁을 치르면서
전 유럽을 피바다로 물들였다

21세기 세계 화약고는 발칸반도가 아닌
핵 경쟁과 각기 다른 정치체제로
급물살을 타고 있는 동북아시아의
한반도라고 세상 사람들은 말을 한다

21세기 을미년 새해 들어서서 휴전선에서
벌어지고 있는 목함 지뢰 사건, 확성기 사건

포탄이 오고가며 곧 전쟁이 터질 것 같은 사건들은
남북이 머리를 맞대고 슬기롭게 피해 갔지만

언제 어디서 화약고가 다시 터져
불바다가 될지는 아무도 예측하기가 어렵다

폐허

백제왕이 64년간 머물렀던
폐허가 된 추정왕궁터
싸늘한 찬 바람만 불어오네

고구려 신라와 끝이 없는 전쟁으로
삶과 죽음이 오락가락하는 가운데
얼마나 급하였으면

한산성을 버리고
왕궁터라고 하기엔 보잘것없는
이곳에다 왕궁을 지었을까

백마강은 변함없이 흐르고 있는데
폐허가 된 왕궁터에는 개미 떼들만이
집을 짓고 태평성대를 이루고 있네

까막까치만 울던 이곳에
백제 왕실은 무슨 생각을 하며 살았을까

어느 여가수가 50년 동안 부르던
황성옛터가 왜 떠오르는지

황새

겨울 철새인 황새
천연기념물로 서산버드랜드에
많은 새들과 함께
박제와 그림으로 전시되었네
몸통은 하얀데
왜 주둥이는 검을까
사람도 추운 겨울에는
더운 지방을 그리워하는데
너의 태생지는 러시아인데
월동은 한국에서 보내는구나
사람은 이 지구상에
많이 번식을 하고 있는데
황새 너는 왜
멸종위기에 처해 있느냐
지상에 만물은
생성소멸 원칙에 따라 진화된다
그런데 인간의
장래는 어떻게 진화될까

흑백사진 한 장

어머니가 이 세상을
떠나기 며칠 전부터
앞으로 혼자 살아갈
아버지를 걱정하셨다

세 살 먹은 철부지
어린이보다 못하니
잘 보살펴 드리라고
울먹이던 울 어머니

외로운 아버지와
육 남매를 남겨 놓고
무슨 생각을 하며
눈을 감으셨을까

울 어머니가
덮던 이불 속에서
이민 간 막내딸
단발머리 흑백사진이 나왔다

불쌍하신 울 어머니
빛바랜 사진 한 장 놓고
보고 또 보면서
얼마나 많은 눈물 흘렸을까

희망

푸른 들녘에
태양이 솟아오른다

하늘을 나는 온갖 새들
희망을 찾아 날아다닌다

나도 아름다운 꿈과
오색찬란한 희망을 찾아

공허함을 달래며
모진 세파를 뚫고 나아간다

이 지상에 있는
온갖 미세한 미물일지라도

다 희망을 추구하고
행복을 찾으면서 살아간다

생사의 기로

1 · 4 후퇴 때
뒷배라는 마을 앞에서
비행기 두 대가
저공으로 날아왔다

그중 한 대가
기관총을 발사하였다

그중 한 발이
열세 살인 내 어깨에 맞아
생사기로에서
헤매다 눈을 떠보니

그 많은 사람들
어디로 갔는지 보이지 않고
보따리를 이고 서 있는
어머니만 희미하게 보였다

죽음도 두려워하지 않는
모성의 깊은 사랑
바다보다도 깊고
하늘보다도 더 높아라

팔순이 된 요즘
왜 어머니가 보고 싶은지
아무리 눈물을 흘려도
흐르는 세월을
되돌릴 수가 없구나

소나무

새소리 지저귀는
대공원 둘레길
등이 굽은 소나무
두 그루 서 있네

휘어진 가지마다
무거운 돌을 매달고
구슬 같은 비지땀 흘리며
죽음과 사투를 벌이고 있네

저 올곧은 소나무에
누가 족쇄를 채웠을까

고통으로 일그러진
슬픔에 젖은 등이 굽은 소나무는
오늘도 하염없이 피보다
더 진한 눈물만 흘리고 있네

제4부

세월은 말없이 흐르네

세월은 말없이 흐르네

천지인(天地人)
모두를 품에 안고
말없이
흐르는 세월

어린 시절
어머니와 보낸
따듯한
봄날을 흘러버리고

광풍이 몰아치는
삼동의 눈보라 속에서
흐르는
강물처럼 굽이굽이
흘러만 가는 야속한 세월

손수건

한평생 주인만을 위해 일을 하면서
귀염을 받던 세월도 있었지

향기 풍기며 거친 손 닦아주던
벤치 위에 떨어진 손수건 한 장

세상에서 버림받은 노숙자같이
쓸모없는 휴짓조각이 되어

오늘도 하릴없이
바람 부는 대로 펄럭이고 있네

솜사탕

길을 걷다 보니
쌍 갈래 길이 나온다

그곳에 서서 친구들이
어서 오라고 손짓한다

친구들 색깔에 따라
행복과 불행의 길이 싹 튼다

화근을 일으키는
친구가 옆에 있으면

그를 닮아
깊은 상처를 입는다

나를 부르는 저 친구들
어떤 색깔을 지닌 사람들일까

눈앞에서 달콤한 솜사탕이
나를 유혹하고 아롱거린다

어느 여인

삶의 찌든 한 여인
무거운 짐을 짊어지고

가파르고 험준한
고갯길을 넘어간다

노을 진 해는
서산으로 기우는데

깡마른 그 여인
어디로 가는 것일까

천지신명 하느님은
알고 있을까

적막 속에 나를 가둬놓고

저녁 무렵
안개 낀 산자락에
이슬비가
소리 없이 내린다

초막 끝에 떨어지는
빗방울 소리
적막 속에 나를 가둬 놓고
어디로 흘러가는지
온 천지가 어둠에 싸인다

메마른 영혼을
끝이 없는 사유의 세계를
헤매게 하는
대지를 푸근히 적시는
저 감로수 같은 이슬비

긍정과 부정

매사를 긍정적으로
바라보는 사람이 있고
부정적으로
바라보는 사람이 있다

긍정적으로
살아가는 사람들
심성이
양같이 순하다

매사를
부정적으로 보고
살아가는 사람들
여의도 철새 같다

사람은 같은데
무엇이 긍정적으로
바라보게 하고
부정적으로 바라보게
하는 걸까
욕심인가 탐욕인가

깊은 밤

세상이 적막 속에
묻혀 있는 고요한 밤

시인들이
내뿜는 열기에
독서 삼매경에 빠진다

영혼이
잠든 깊은 밤
은하수에서는
별들이
꿈을 먹고 빤짝이는데

깊은 밤
내 마음속에서는
공허만이 흐르고
시 한 수도
떠오르지 않네

꽃샘추위

이름 모를 온갖 잡초들
박토에 태어난 것도 서러운데
보도블록 틈새에 끼어
발길에 밟히며 곤혹을 치르느냐

어느 놈은 온실에서
태평성대를
이루며 살아가는데

어찌하여 너는 보도블록
틈새를 비집고 나와
가냘픈 머리를 쳐들고
꽃샘추위에 떨고 있느냐

꽃이여

꽃이여
벌 나비가 찾아들고
아름답다고 뽐내지 마라

봄에 핀 꽃이나
여름에 핀 꽃이나
언젠가는 다 지는 게
자연스러운 형상이다

괴테는 시인은 가난하지만
세상을 즐기고 산다고 하였다

살다 보면
외롭게 피어있는 들꽃도
언젠가는
벌 나비가 찾아들고
향내가 날 때가 있을 것이다

대합실

구름은
어디로 흘러가고
바람은 어디서 불어와
어디로 가는 걸까

구름과 바람같이 떠도는
우리네 인생
내 몸도 내 것이 아니고
잠깐 머물다 가는 것을

아무리 자식이 많고
재물이 많다 한들
가지고 갈 수 없는
뜬구름과 같은 인생

내일은 꿈이고 허구일 뿐
실타래 같이 얽히고설킨
나의 인생
시작은 어디고 끝은 어디일까

천태만상의
인간들이 들끓고 있는 대합실
언제쯤 그곳을 벗어나
홀가분한 여행을 하게 될는지

두루미 선생

팔월 폭염 속에
파묻힌 양재천변에
핀 야생화 꽃들

흐르는 물소리에
장단 맞춰
잘도 놀고 있구나

따스한
해님 꽃잎 찾아
벌 나비
불러들여 정담 나누고

사색에 잠긴
두루미 선생
심오한 철학자가 되어
흐르는 양재천에
외다리로 서 있구나

말락 고개

하늘을 가리는
느티나무가 서 있던
말락 고개

광창마을 모든 사람들의 쉼터였고
배고픔과 애환을 달래주던
보릿고개였다

아버지들은 등짐을 지고
어머니들은 광주리를 이고

서울로
돈 벌러 갈 때
말락 고개를 넘어 다녔다

이제는
개발에 떠밀려
말락 고개도 느티나무도
흔적도 없이 사라져 버렸다

망망대해

낙산사에
오르는 바닷가

푸른 바닷물로
펼쳐진 망망대해

태풍을 앞세워 하얀 파도를
일구며 출렁거린다

세속의
찌든 인간들을

계도하는
부처님의 뜻인가

왜 노도와 같은 파도를
앞세워 울부짖는지

미리내 다리

미리내 다리는
세느강에 있는 다리도 아니고

라인강에
있는 다리도 아니다

맑은 호수를 지나
대공원 둘레길을 따라

붉은 장미원으로
가는 다리다

미리내 다리는 대공원을 찾는
모든 사람들에게

꿈과 희망을 안겨주는
거인이 누워 양팔을 펼친

호수를 가로지르는
물빛 찬란한 고운 다리다

별빛

별빛이 어둠 속의 잠긴 대지 위로
유리알같이 쏟아져 내리네

적막강산 대지마저
깊이 잠들어 있는 밤

보도블록 틈새를 비집고 나온
이름 없는 잡초들

숱한 사람들의 발길에 밟혀
모진 학대를 받으며 독거노인같이

숨도 제대로 쉬지 못하고
별빛 속에서 하염없이 울고 있네

봄비

대지 위에
봄비가 내린다

세파에 찌든
영혼 속 깊은 곳에

대지를 적시는
봄비가 숨어든다

너는
열다섯 살 소녀고

나는
열여섯 살 소년이다

어서 오라
가슴 적시는 봄비여

봄이 오는 소리

꽃샘추위에 얼어붙은
햇볕 조각들

겨울을 밀어내고
봄을 맞이하는구나

저 먼 남녘에서
불어오는 꽃바람에

차가운 겨울을
갈아엎고

씨앗을 뿌리는
농부와 아낙네들

입가에 흐르는
맑은 웃음소리

봄이 오는
소리를 닮아간다

분수대

과천의 얼굴
중앙공원 분수대
웅대한 물줄기 품어대며
더위와 물놀이를 하네

천진난만한 아이들
분수대 주위를 돌며
쏟아지는 물줄기 바라보며
함박웃음 터트리네

엄마 주위 빙글빙글 돌면서
물벼락 맞으며 손뼉 치는
아이들의 놀이터
중앙공원 분수대

제5부

슬픔은 강물처럼

사랑이란

사랑은 꽃같이 아름답고
죽음보다 더 강하다네

사랑의 화살은 불화살이며
강력한 불이라네

꽃처럼 아름다운 사랑은
모든 사람들에게

우주의 비밀을
전해주는 메신저라네

사랑은 인류가 태어난
태초부터 싹이 트였다네

나도 어린 시절 짝사랑했던
여자아이가 있었지

사랑을 하다 보면

사랑은 싱그럽고
봄날같이 따스하다

얼굴 붉힌 아가씨들
왜 자주 웃고

붉은 사과처럼
예뻐지나

사랑은
박꽃같이 하얗고

화사하다고
누가 말을 하였나

사랑을 하다 보면
마음이 너그러워지고

살맛이 난다고
하는데 과연 그러할까

그런데 왜 질투라는
악령이 끼어들어

순진한 여인들
바람나게 하고

가정을
쪽박 깨듯 하나

서울대공원의 사월

서울대공원 활짝 핀 벚꽃
사람들 모아놓고
꽃 잔치 벌이 네

시프트는 공중에서 코끼리차는 땅에서
오리 떼와 잉어 떼는 호숫물에서
분탕질을 하네

유치원생 손에 손잡고 병아리같이
종종걸음으로 동물원 안으로 들어가는
벚꽃이 찬란한 사월의 서울대공원

숟가락

매일 식탁에서
만나는 숟가락
강아지는 매일 귀엽다고
쓰다듬으면서

이 세상에서
저세상으로 갈 때까지
냉탕 온탕 드나들며
생명을 이어주던 너를
왜 단 한 번도
귀히 여기지 않았는지

우리 가족의
지난날의 추억도
분주히
퍼 나르던 숟가락은
지금도
수저통에 꽂혀 있는데

세월에
떠밀려 부모님은
어디로
가셨는지 보이지 않네

스마트폰

스마트폰이 없는
세상은 어떤 세상일까

너는 나의 제2의 심장이요
영혼을 간직한 보물 상자다

나는 네가 없이는 아무 일도
하지 못하는 눈뜬장님이다

나의 분신인 스마트폰
너와 헤어져 있던 날

나는 손발이 묶인 체
암흑가를 헤맸는데

주인 잃은 너는
무슨 생각을 하고 있었느냐

슬픔은 강물처럼

너는 나의 슬픔을 아는가
나의 슬픔은 배고픔과
삶의 공포 때문이 아니다

그동안 써온 글감들을
미완으로 남겨놓고
완성시키지 못한 죄책감 때문이다

세월은 기다리려 주지 않는다
강물처럼 흐르는 외로움과
이 슬픔 누가 알아줄까

시(詩)란

십 년 공들이면
장인이 되고
서당 개 삼 년이면
풍월을 읊는다는데

시단에
발을 들어 놓은 지
십 년이 되었다
십 년이면
강산도 변한다는데

시(詩)란
안개 속 같아
아무리 쓰고 읽어도
알쏭달쏭하기만 하네

시인

책꽂이에 꽂힌 시집
읽을 때뿐 아무리 읽어도
난해하여 알 수가 없구나

서당 개
삼 년이면 풍월을
읊은 다는데

나도 열심히
공부하면 시인다운
시인될 수 있을까

옛집

내가 자란 옛집에는 안마당에
우물이 있었고 작은 정원이 있었지

여름이면 푸른 장미 넝쿨이
온 집안을 푸른 물결로 수놓았지

옛집은 마음속에 살아 있을 뿐
이제는 장미도 집도 사라져 버렸고

지금은 흉물스러운
콘크리트 건물만 들어서 있네

어머니 손길이 묻은 짙은 향기
아름다운 꽃송이들

추억이 서려 있던 옛집
모두 우리 식구들의 웃음꽃이었네

오월이 오면 2

어머니 가신 오월에도
초록 물결로
온 산과 들이 물들어 있었고
꽃이 지천으로 피어 있었지요

유난히도
꽃을 좋아하시던 어머니
어머니가 계신 그곳에도
지금쯤은 꽃이 만개하였겠지요

며칠 있으면
어버이날이 돌아오네요
붉은 카네이션 한 송이 달아
드리고 싶은데
꿈길에서라도 오셔서
저를 안아 주시면 아니 되겠는지요

인생길

태양은 동천 하늘에
찬란하게 떠오르는데

눈 깜짝하는
순간 중천을 지나

붉게 물든 서쪽 하늘
산등성이에 걸쳐있네

어둠이 짙어지기 전에
삶의 찌든 인생길

본향으로
돌아가고 싶은데

개발로 본향이 사라져
갈 수가 없구나

한순간의 인생길
너무나도 쓸쓸하고 허전하구나

인생의 여울목

세월은 흘러가고
꽃은 피고 지는 것은
자연의 이치인데

왜 내 인생은 고달프고
서글퍼지기만 한지

이팝나무꽃이 지는 저녁나절
서쪽 하늘에서는
노을이 붉게 타오르고

목화송이 같은 구름은
유유히 흘러가는데 그동안 의지하면서
살던 수많은 사람들

지금
어디서 무엇을 하며
살아가고 있을까

일요일이면

휴일이지만 일요일은
외출을 할 수가 없네

팔십이 된
나에게 일이 있으니
얼마나
축복받는 삶인가

오전에는
경마하러 온
마을 안에 불법 주차하는
차 단속을 한다

그 일당
5만 원과 월요일 아침에
마을 주위를 청소한
3만 원으로 일주일간 살아간다

어느 주일은 턱도 없이
부족하지만 어떤 주일은
쓰고도 남을 때가 있다

얼마나 축복받는 삶이며
단조롭고 편안한 삶인가
그저 하느님께
감사할 뿐 할 말이 없네

장희나루

장희나루에서 유람선을 타고
검푸른 산을 바라본다

철썩대는 물결 위에 우뚝 솟은
기암괴석과 울창한 나무들

천년의 세월이
흘러가도 온 산하는 의연한데

한 번 가면
다시 올 수 없는 인생

이해하고 다독이고 살아도
한없이 부족한데

왜 헐뜯고
미워하면서 살아가는지

오늘도 도떼기시장같이
붐비는 장희나루는

말없이 그림 같은
유람선을 띄우고 있구나

책이란

책 속에는 즐거움도 있고
가슴을 울리는 뭉클함도 있다

계속 읽는데도
우편함에는 책이 쌓인다

주역같이 난해하여도
책을 계속 읽다 보면

돌대가리인 나도
작가다운 작가 될 수 있을까

청춘이여

초록 물결이 일던
꿈 많았던 청춘 시절

벌과 나비가 찾아들던
따스한 봄날이여

머리에는
하얀 꽃이 피었어도

마음속 깊은 곳에
간직한 젊은 날의 추억들이여

언제나
푸른 꿈을 꾸고 있는

내 마음속의
감미로운 청춘이여

찬란한 태양은
서산으로 기울고

뼈를 파고드는 고독은
심장 속으로 파고든다

나는
서산마루에 서서
지는 해를 바라보며

젊은 날에 아름답던
청춘만
그리워하고 있네

추석날

추석이 돌아오면
어머니는 뒷동산에 올라가
솔잎을 따오라고 한다

추석날 아침이면
대소가들이 모여
오과와 송편을 놓고

차례를 지낸 후
어른들은 술상을 놓고
술을 드시면서

어린 우리들에
제물과 제주를 들고
산소를 다녀오라고 한다

어린 시절 부모님과
형제들과 같이 보냈던 그 시절
다시 올 수는 없을까

추억 한 토막

즐겁고 꿈이 서려 있는
햇빛 찬란한 시절도 있었지

젊은 시절에는 꿈도 많았는데
지금은 공허만이 감도네

영주에서 신혼살림 할 때
시장에 나가

꽁치 한 마리 사 들고
시장통을 걷던 일

첫 아이가 뱃속에서
살구가 먹고 싶다고 해

의성 군청으로 출장 갔다가
앞뜰에서 살구를 따던 일

오늘따라 그 추억 한 토막이
왜 내 뇌리를 스치며 지나갈까

희망

희망은
빤짝이는 별빛인가
허망한 꿈인가

나의 무지개 같은 꿈은
어디쯤 와 있을까
애타게 갈망하는 영혼 속 깊은 심연

남북 두 정상이
판문점에서 남북을 오가며
무슨 말을 나누었을까

통일의 열망이 보인다
즐거움은 지혜요 희망이요
최고의 선의 표상이다

왜 세상에는 선은 실종되고
악이
독버섯처럼 번지고 있을까

지혜로운 자는
선을 선택하고

무지한 자는
악을 선택 하나

빛처럼
도망 다니는 희망이여
즐거움의 표상인 그대여

남북 두 정상이 손을 잡았다
꽃과 같은 아름다운 꿈을

이 아름다운 금수강산에
심어주면 아니 되는지

자성(自省)과 삶의 진실성을 통한 서정시의 파노라마

— 송인관 제4시집 『적막 속에 나를 가둬 놓고』 해설

김전(시인, 문학평론가)

1. 들머리

시를 쓰는 일은 자아를 찾아가는 길이다. 시를 창작하려면 자신의 모습을 아낌없이 벗겨내야 한다. 그렇기 때문에 용기 또한 필요하다.

인간은 누구나 스스로 돌아보고 생각할 수 있는 기회를 갖는다. 이것은 인간만이 할 수 있는 일이고 아름다운 일이다.

이번에 상재되는 송인관 시인의 『적막 속에 나를 가둬 놓고』는 평범한 삶 속에서 일어나는 이야기를 잔잔한 목소리로 속삭이듯 들려준다.

감동과 공감을 주는 이 시집은 제1부 '인생의 여울목' 제2부 '삶이란' 제3부 '흑백사진 한 장' 제4부 '세월은 말없이 흐르네.' 제5부 '슬픔은 강물처럼'으로 구성되어 있다.

여기에는 삶의 애환과 기쁨이 함께 들어 있어 동시대를 살아가는 사람들에게 많은 것을 생각하게 하는 작품이다. 또 삶의 진실성까지 묻어 있으니 잔잔한 울림을 주기에 충분하다.

송인관 시인이 창작한 시의 향기를 함께 맡아보자.

2. 사유의 얼굴들

가. 삶의 파노라마

한평생 무명초같이
살다 가는 사람도 있지만

만인을 위해 굵고 짧게
안중근 의사 같이 살다 가는 사람도 있다

푸른 하늘 은하계에서
빤짝이는 무수한 별이

검은 운석이 되어
지상으로 떨어지듯

타다 남은 촛불 같은
여의도 철새들

어떤 모습으로 살다가
이 지상에서 사라질까

전지전능하신
하느님은 알고 있을까

—「하느님은 알고 있을까」 전문

이 작품은 생각하는 바가 크다. 안중근 의사와 국회의원들을 대조시켜 놓았다.

오늘날 정치가들에 대한 불신은 날이 갈수록 커지고 있다. 내로남불의 극치를 이루는 정치가들이 이 작품을 읽었으면 한다.

적확한 비유와 이미지가 시의 바탕을 이루고 있다. 바람처럼 왔다가 바람처럼 가는 민초들에게 잔잔한 울림을 주는 작품이다.

마지막 행 '전지전능하신/ 하느님은 알고 있을까'는 여운을 주고 있다

쓰러지면 일으켜 세우고
또 쓰러지면 일으켜 세우면서

타고 다니는 칠전팔기의
오뚝이 같은 자전거

어느 때는 발목도 다치고
무릎도 깨면서도 타고 다닌다

천천히 달리고 싶으면 천천히
빨리 달리고 싶으면 빨리

자유자재로 타고 다니다가도
어느 한순간 큰 사고를 당하기도 한다

예측할 수 없는 우리네 인생
무엇을 탐하고 증오하면서 살고 있는 지

광야를 달리는 자전거와 같이
때로는 오뚝이같이

때로는 순탄하게 이 세상을
살아갈 수는 없을까

—「자전거와 인생」 전문

송인관 시인의 작품은 현실에서 깨달음을 찾고 있다. 자전거는 오뚝이, 넘어지지 않는 사람으로 나타내었다. 시련을 이겨내면 자전거같이, 오뚝이같이 자유로운 인생을 살 수 있는 것이다. 욕심을 비우고 증오도 비우면서 시원스럽게 달려가는 그런 인생은 없을까? 라고 화자는 의문을 제기하고 있다. 이 작품은 주제의 선명성이 있다. 사물을 보되 깊이 생각하는 작가의 시심이 돋보인다.

그림같이
가지마다 단풍든 나무
칠사리 껍데기 같네

활짝 핀 목련꽃이 낙화하듯
단풍든 저 나무도
잎이 떨어져 나목이 되겠지

임종을 앞둔 노인처럼
고뇌에 젖어 있는
저 붉게 물들어 있는 나무

단풍은 지고 눈보라가
몰아칠 텐데 삼동의 칼날 앞에서
외로운 길 어떻게 보낼까

―「단풍든 나무」 전문

삶을 관조하면서 쓴 작품이라 보인다. 단풍나무는 잎을 떨구기 위해 물이 든다. 마지막을 아름답게 장식하고 생을 다한다.

시인은 단풍나무를 노인으로 비유하였다. 황혼에서 마지막 안간힘으로 아름답게 생을 마감해야 하는 서글픈 인생이다. 겨울이 오면 나목은 삼동(三冬)의 칼날과 외로움을 어떻게 보낼까? 우리네 인생을 나목에 비유하고 있다. 자연 속에서 살아가는 우리들에게 잔잔한 떨림을 주고 있다. 인생의 삶을 다시 한번 돌아보는 계기가 됐다.

나. 삶의 길목에서

목화송이같이 탐스러운
하얀 목련꽃이여

세상을 구도하기 위해
수행하는 수도승같이

꽃을 활짝 피우기 위해

어둡고 암울한 땅속에서

실파같이 연약하고
가느다란 뿌리로

생명줄을 이어줄 먹이를 찾아
얼마나 많은 세월 헤매었느냐

몸통과 가지는 허공에서
추위와 맞서가며

열흘도 못가 떨어져 나갈
목련꽃을 피우려고

4월의 깊은 밤을
외롭게 보내고 있구나

—「목련」 전문

시인은 남이 듣지 못하는 소리를 들어야 하고, 남이 볼 수 없는 것을 볼 수 있어야 한다. 오감을 활짝 열어 놓고 새로운 것을 찾아내는 것이 시인이 할 일이다. 거기다 체험과 상상의 옷을 입히는 작업이 바로 시를 창작하는 일이다.

목련을 목화송이 또는 수도승으로 나타내었다. 목화송이는 따스함을 주는 이불을 연상하게 한다. 목련꽃은 땅속뿌리와 땅 위의 가지가 하나 되어 춥고 암울한 세월을 버텨 내었다. 그것도 단 열흘을 위해서다. 이 또한 우리네 인생과 다르지 않다.

4월의 깊은 밤을 외롭게 보내고 있는 것이 우리들의 참모습이 아닐까

잿빛 속으로 사라져 가는
인생의 끝자락에 서 있는 집사람

금년 들어 처음으로
눈이 쏟아지는 이른 아침

운명을 가르는 수술대에서
세상모르고 잠들어 있다

생의 찬가를 부르며
행복의 메신저와 하얀 눈이

아내가 세상모르고
누워있는 수술대 위에서

생과 사를 가름 하는
세계를 넘나들고 있다

—「수술실」 전문

생로병사(生老病死)는 인생이 짊어지고 가야 할 운명이다. 누구든지 건강하게 오래 살다가 가는 것을 희망하고 있다. 그러나 뜻대로 되는 일이 아니다.

운명을 가르는 수술대의 어둠과 생의 찬가를 부르며 행복의 메신저인 밝음을 대조적으로 나타내어 시적 긴장감을 주고 있다.

일상적인 생활에서 제재를 찾아 아름다운 시를 쓰고

있다. 생활이 작품이요, 작품이 생활이다. 누구나 겪어야 할 고통의 멍에를 잔잔한 떨림으로 묘사하였다

부모님 밑에서
형제들과 같이 살아오다
지금은 가정을 이끄는
가장이 되었다

그동안 매운 고추가
되기도 하고
쓰디쓴 씀바귀가
되기도 하였다

온갖 삼라만상은
주어진 운명 속에서
좋든 싫든
제 길을 걷고 있는데

지금 내가 가고 있는 길은
어떤 색깔의 길이며
나는 지금 어디로 향해
가고 있는 걸까

—「어디로 가는지」 전문

기교가 없는 무기교가 이 작품의 특징이라고 말할 수 있다. 독자와의 소통도 무난히 이루어지리라 믿는다.

아이가 자라면 결혼하고 가정을 이루어 가장이 된다. 가장의 역할은 여러모로 어렵다. 가정을 이끌어갈 가장이 바로 서지 않으면 가정이 바로 설 수 없다. 작

가는 이런 과정에서 가장(家長)을 매운 고추, 쓰디쓴 씀바귀로 비유하였다.

마지막 연에서 '어떤 색깔의 길이며 나는 지금 어디로 향해 가고 있는 걸까?'에서 많은 것을 생각하게 만든다. 독자들에게 의문을 던져 상상의 세계로 들어가게 만든다.

다. 삶의 반추

주목나무는 살아 천년
죽어 천년이라고 한다

그런데 우리네 인간의
수명은 85세라고 한다

선진국에서도
천 명 중 5명만이

90세까지 사는데
5명 중 여자가 4명이다

황혼 길에
들어선 우리네 인생

모든 찌든 세속과
과욕에서 벗어나

그저 물 흐르듯이
살다 가면 아니 되겠는지

—「인생이란 1」 전문

인간은 자연에 비하면 나약한 존재이다. 주목나무는 살아서 천 년, 죽어서 천 년 산다고 하는 데 인간은 고작 100세도 채우지 못한다.

그런데도 아옹다옹 살아가면서, 다투고 욕심부리고 꼴사납게 살아가기도 한다. 순리대로 살아가면 그만인데 인간은 허욕을 버리지 못한다. 황혼 길에 접어들면서부터는 지나온 나날들을 생각해 보고 모든 것을 비워야 한다.

이 작품은 내면의 세계에서 우러나온 작품으로 교훈적이다. 인생의 모습을 스케치하듯 묘사하여 깨달음을 주는 작품이다.

광창마을
원로회 회원 열두 명
제부도로 시집간
효분이 초대를 받았다

갯벌 짠
바닷바람이 창틀에
걸터앉아
우리를 내려다본다

어느새
66세가 된 효분이는
생선회를
푸짐하게 차려 놓고

어린 시절
고향을 안주 삼아
광활하게 펼쳐진

제부도를 바라보며

광창마을 원로회 회원
열두 명의 만수 무병을
비는 건배를 제의하면

일동은
건배 건배하면서
술잔을 높이 쳐든다

—「제부도 나들이」 전문

이 작품은 이미지가 선명하여 한 편의 드라마를 보는 것 같다. 효분이의 초대를 받아 제부도에서 생선회를 먹으며 고향의 추억을 이야기하고 있다.

친구의 우정과 사랑이 시의 행간마다 넘쳐흐르고 있다. '바닷바람이 창틀에/ 걸터앉아' '고향을 안주 삼아' 등의 낯설기 기법으로 시의 미감을 높이고 있다.

광창마을 원로회 회원 열두 명의 만수 무병을 기원하는 건배 소리가 들려온다.

이처럼 생활 자체를 시로 승화시키는 작가의 능력이 돋보인다. 이 작품은 감동과 공감을 주는 데 부족함이 없다.

어머니가 이 세상을
떠나기 며칠 전부터
앞으로 혼자 살아갈
아버지를 걱정하셨다

세 살 먹은 철부지
어린이보다 못하니

잘 보살펴 드리라고
울먹이던 울 어머니

외로운 아버지와
육 남매를 남겨 놓고
무슨 생각을 하며
눈을 감으셨을까

울 어머니가
덮던 이불 속에서
이민 간 막내딸
단발머리 흑백사진이 나왔다

불쌍하신 울 어머니
빛바랜 사진 한 장 놓고
보고 또 보면서
얼마나 많은 눈물 흘렸을까

—「흑백사진 한 장」 전문

이 작품은 한마디로 감동적이다. 어머니가 죽음을 앞두고 아버지를 걱정하는 모습이 선명한 이미지로 다가온다. 외로운 아버지와 육 남매를 두고 떠나는 어머니의 모습이 클로즈업된다.

어머니의 이불 속에서 막내딸 흑백사진을 발견했다. 막내딸을 걱정하는 어머니의 모습을 크게 확대시켰다. 어머니는 막내딸을 생각하며 얼마나 많은 눈물을 흘렸을까? 눈시울을 적시게 하는 대목이다. 짠하게 느껴진다. 이 글에서 어머니의 무한한 사랑을 엿볼 수 있다.

물 흐르듯 자연스럽게 흘러가는 작품으로 감동적이다.

라. 사유의 언덕을 넘어

저녁 무렵
안개 낀 산자락에
이슬비가
소리 없이 내린다

초막 끝에 떨어지는
빗방울 소리
적막 속에 나를 가둬 놓고
어디로 흘러가는지
온 천지가 어둠에 싸인다

메마른 영혼을
끝이 없는 사유의 세계를
헤매게 하는
대지를 푸근히 적시는
저 감로수 같은 이슬비

—「적막 속에 나를 가둬 놓고」 전문

시인은 새 이름을 붙이는 사람이다. 이름이 붙여졌을 때 사물은 눈을 뜬다. 이슬비는 평범한 눈으로 보면 자연스럽게 내리는 비일 뿐이다. 그러나 작가는 어둠의 세계 속에서 사유의 세계를 헤매게 하는 감로수 역할을 하고 있다.

2연에서 '초막 끝에 떨어지는/ 빗방울 소리/ 적막 속에 나를 가둬 놓고'는 가구(佳句)다. 시를 시답게 만들고 있다. 청각과 시각으로 이루어진 공감각이다. 감각적 이미지로 시의 멋과 맛을 내고 있다.

세상이 적막 속에
묻혀 있는 고요한 밤

시인들이
내뿜는 열기에
독서 삼매경에 빠진다

영혼이
잠든 깊은 밤
은하수에서는
별들이
꿈을 먹고 빤짝이는데

깊은 밤
내 마음속에서는
공허만이 흐르고
시 한 수도
떠오르지 않네

—「깊은 밤」 전문

깊은 밤 적막만이 감도는데, 시인은 시 한 수조차도 떠오르지 않는 불면의 밤을 갖는다. 작가의 어려움을 토로하고 있다.

이 작품의 구성을 보면 1연 적막의 밤, 2연 시인들의 독서, 3연 밤하늘의 별, 4연 화자의 공허한 밤으로 되어 있다.

적막의 밤에 화자는 관조의 세상으로 빠져든다. 열심히 독서하고 있지만 시 한 수 떠오르지 않아 애타는 밤이다. 서경과 서정이 조화롭게 어우러져 한편의 풍경화를 그린 듯하다.

책 속에는 즐거움도 있고
가슴을 울리는 뭉클함도 있다

계속 읽는데도
우편함에는 책이 쌓인다

주역같이 난해하여도
책을 계속 읽다 보면

돌대가리인 나도
작가다운 작가 될 수 있을까

—「책이란」 전문

시인들이 겪는 경험담이다. 책 속에는 선현들의 경험과 지혜가 담겨져 있다. 책을 통하여 우리들은 살아가고 있다.

휴넷의 '조영탁 회장'은 "직장인이 1년에 책 50권을 읽지 않으면 범죄행위"라고 말했다.

미국 소설가 '프란츠 카프카(Franz Kafka)'는 "책은 얼어붙은 정신의 바다를 깨는 도끼"라고 하였다. 그는 모든 사람들에게 책 읽기를 권하고 있다.

작가다운 작가가 되기를 꿈꾸고 있다면 책을 읽자.라는 내용을 담고 있다.

이 작품의 화자는 겸손의 미덕까지 내 보이고 있다. 이미 훌륭한 작가가 되어 있다고 본다.

3. 마무리

송인관 제4시집 『적막 속에 나를 가둬 놓고』는 일상적인 삶을 소재로 삼았다. 늘 삶에 대하여 반추를 하고 새로운 삶을 모색하고 있다.

그의 작품은 현란한 기교가 없다. 무기교가 특징이다. 그렇기 때문에 쉽게 읽혀진다. 그렇다고 쉽게 씌어졌다고는 볼 수 없다.

독자와 가까이 갈 수 있는, 한마디로 말하면 구수한 된장국처럼 느껴지는 정겨운 작품들이다.

시의 행간마다 사랑이 들어 있고, 인간애가 넘쳐난다.

동시대에 사람이라면 누구나 공감을 하는 작품들이다. 그렇기 때문에 감동과 공감을 줄 뿐 아니라 잔잔한 울림을 주고 있다.

송인관 시인의 삶이 곧 시라고 본다. 시의 세계 속에서 살고 있기 때문에 사물을 보되 시의 눈으로 바라본다. 무엇이든지 보았다 하면 시를 만들어 내는 조탁력(彫琢力)이 뛰어나다.

깊은 사유에서 건져 올린 은갈치 같은 작품들은 싱그럽기 그지없다.

송인관 시인의 작품은 '자성(自省)과 삶의 진실성을 통한 서정시의 파노라마'라고 정의하고 싶다.

한국 문단의 중견 시인으로서 열심히 활약하고 있는 그에게 문운을 빈다.

문학세계대표작가선 890

적막 속에 나를 가둬 놓고

송인관 제4시집

인쇄 1판 1쇄 2019년 6월 20일
발행 1판 1쇄 2019년 6월 27일

지 은 이 : 송인관
펴 낸 이 : 김천우
펴 낸 곳 : 도서출판 천우
등 록 : 1992. 2. 15. 제1-1307호
주 소 : 서울시 성동구 무학봉28길 6 금융빌딩 2F
전 화 : 02)2298-7661
팩 스 : 02)2298-7665
http://moonhak.wla.or.kr
E-mail : chunwo@hanmail.net

값 10,000원

ISBN 978-89-7954-771-9

이 도서의 국립중앙도서관 출판예정도서목록(CIP)은 서지정보유통지원시스템 홈페이지(http://seoji.nl.go.kr)와 국가자료공동목록시스템(http://www.nl.go.kr/kolisnet)에서 이용하실 수 있습니다. (CIP제어번호: CIP2019024495)